# A EMPRESA QUE PAROU NO TEMPO

# JOHN GUASPARI

# A EMPRESA QUE PAROU NO TEMPO

UMA HISTÓRIA SOBRE A IMPORTÂNCIA DA
IMPLANTAÇÃO DA QUALIDADE NAS EMPRESAS

m.BOOKS

M.BOOKS DO BRASIL EDITORA LTDA.

Av. Brigadeiro Faria Lima, 1993 - 5º andar - Cj. 51
01452-001 - São Paulo - SP - Telefones: (11) 3168 8242 / 3168 9420
Fax: (11) 3079 3147 - E-mail: vendas@mbooks.com.br

Dados de Catalogação na Publicação

Guaspari, John
A Empresa Que Parou no Tempo/John Guaspari
2005 – São Paulo – M. Books do Brasil Editora Ltda.
1. Administração  2. Qualidade
ISBN: 85-89384-66-7

Do original: I Know It When I See It
© 1985 John Guaspari
© 2005 M. Books do Brasil Ltda.
Todos os direitos reservados.
Original em inglês publicado por Amacon

**EDITOR**
MILTON MIRA DE ASSUMPÇÃO FILHO

**Produção Editorial**
Salete Del Guerra

**Tradução**
Mario Moro Fecchio

**Revisão de Texto**
Iná de Carvalho
Mônica de Aguiar Rocha

**Capa e Ilustrações**
Douglas Lucas

**Composição Editorial**
ERJ Composição Editorial e Artes Gráficas Ltda.

2005
Proibida a reprodução total ou parcial.
Os infratores serão punidos na forma da lei.
Direitos exclusivos cedidos à
M. Books do Brasil Editora Ltda.

# Prólogo

Antigamente, nossa língua era muito sem graça e sem vida

Ela era perfeitamente funcional, perfeitamente utilitária

Mas não cantava

Não brilhava

Uma sentença típica soaria de maneira semelhante a esta. E em seguida a próxima teria a mesma aparência

E a próxima também

E assim continuava indefinidamente sempre da mesma forma

Isso acontecia tanto na linguagem escrita como na linguagem falada

Não havia poesia

Não havia canções

Não registrava nada

Isso porque as pessoas não se incomodavam em passar a seus descendentes uma prosa tão morta e vulgar

Por isso todos sentimo-nos gratos

Rufus Punctum viveu há muitos anos. Ninguém sabe exatamente quando. Se você pensar bem, verá o porquê.

*John Guaspari*

De qualquer forma, foi há muito tempo, e a lenda diz que Rufus amava muito a vida.

Ele sentia felicidade.

Ele sentia tristeza.

Ele sentia dor.

Ele sentia prazer.

Ele sentia todas essas coisas e ainda mais.

Acima de tudo, ele sentia profundamente. Porém, quando tentava explicar esses sentimentos a outras pessoas, todos os sentimentos desapareciam.

Ele diria coisas assim:

*Foi uma experiência bastante comovedora. Sinto grande alegria e júbilo*

Ou:

*A dor no calo do meu pé está torturante*

Ou:

*Eu odeio demais ter de falar dessa maneira tão estúpida*

E as pessoas que ouviam Rufus diziam:

*Estamos muito felizes em ver que você sente essa alegria e júbilo*

Ou:

*Talvez um pouco de sal amargo ajude*

*A Empresa Que Parou no Tempo*

Ou:

*Eu não entendo por que você acha que falar da maneira como estamos acostumados seja caracterizado como estúpido*

E Rufus sentia uma dor de estômago.

Isso, pelo menos, tiraria seu pensamento dos calos.

Uma noite Rufus ajoelhou-se e fez a mesma prece singela que sempre fazia:

*Por favor DEUS faça com que alguém imagine uma maneira de tornar nossa língua menos insípida e aborrecida*

Em seguida, puxou as cobertas e pôs-se na cama. Mas não conseguiu dormir. Então levantou-se e foi até a sua escrivaninha em estado de desespero. Pegando papel e caneta, ele escreveu:

*Por que a linguagem tem de ser tão inadequada para expressar os verdadeiros sentimentos e emoções?*

Ele parou e leu o que havia escrito. Em seguida escreveu:

*O que é aquele sinal em forma de uma linha curva que eu coloquei no fim da última sentença?*

Novamente parou e leu o que havia escrito.

Desta vez, ele sorriu.

Havia descoberto a pontuação.

— 3 —

*John Guaspari*

Pontuação Ltda. era uma empresa muito bem-sucedida.

Isso não era surpresa. Porque, se as pessoas quisessem fazer algo mais do que colocar uma letra maiúscula no começo de uma sentença, elas precisavam da Pontuação Ltda.

A empresa tinha uma linha ampla de produtos:

Vírgulas, apóstrofos e pontos.

Sinais de interrogação, sinais de exclamação e barras.

Parênteses e colchetes.

Ponto-e-vírgulas e dois-pontos.

Até mesmo artigos de luxo, como reticências.

Todos eram sinais da Pontuação Ltda. E havia também uma ampla gama de consumidores. A empresa vendia para:

Consumidores que precisavam de um monte de pontos de exclamação para colocar depois de palavras como "Viva!" e "Sucesso!".

Advogados, que compravam vírgulas aos montes, para colocar após as cláusulas "considerando que..."

Médicos, para os quais foi criada uma linha especial de sinais de pontuação, legíveis apenas para os farmacêuticos.

*A Empresa Que Parou no Tempo*

Autores de histórias em quadrinhos, que não podiam usar linguagem inconveniente em jornais lidos em família.

Homens de negócios, que preferiam o ponto-e-vírgula ao dois-pontos, depois que os comitês de compras faziam a escolha conciliatória.

A lista de clientes continuava.

E havia uma infinidade de imitadores também, uma infinidade de competidores que ofereciam os mesmos "tipos" de produtos. Mas todos eles tinham suas origens na Pontuação Ltda.

E nenhum deles poderia sequer ser comparado à sumidade, genialidade e inovação demonstrada por Rufus Punctum e seus descendentes no comércio.

Sim, a Pontuação Ltda. era uma poderosa empresa comercial. Mas seu impacto e suas contribuições à sociedade foram além do infinito.

Pense nas milhares de vidas que foram salvas desde que se tornou possível transformar a simples palavra "Fogo" na emergência "Fogo!!!".

A Pontuação Ltda. tornou isso possível.

Pense no importante papel desempenhado pelos operadores de rádio usando o código Morse durante as duas Guerras Mundiais. Onde você acha que eles conseguiram aqueles pontos e traços?

Pense nos efeitos na nossa herança literária. Por exemplo, sem a Pontuação Ltda. não saberíamos se o Corvo disse "nunca mais!" ou apenas manteve o bico calado e disse nunca mais!

Sim, devemos ser gratos ao pessoal da Pontuação Ltda. por tudo isso e mais.

Eles eram dominantes.

Eles eram admiráveis.

Eles eram invencíveis.

Ou assim pensavam.

*A Empresa Que Parou no Tempo*

É claro, o domínio da Pontuação Ltda. não deixou de ser desafiado.

Parecia que, todos os dias, um novo aventureiro surgia em cena.

Primeiro foi a Excitação Ltda., que se especializou em pontos de exclamação. (Eles foram muito bem, por algum tempo. Até que o Departamento de Saúde fechou a empresa, devido ao nível de ruído da fábrica.)

Depois veio a Interrogação Ltda. – especialistas em pontos de interrogação. (A indecisão causou o fechamento do negócio.)

Apareceu até um mercado negro para aqueles que queriam atuar na marginalidade, renegados. Eles formaram uma empresa obscura chamada Desapareceu Ltda. Seus sinais de pontuação pareciam perfeitamente bem quando escritos ou falados. Mas, dentro de minutos, desapareciam sem deixar rastros. Assim aconteceu também com a própria Desapareceu Ltda.; após um processo na justiça, a empresa desapareceu do mercado.

A lista dos pretensos competidores continuou. Cada um conquistou a simpatia do público por um breve tempo, com um produto novo ou mais barato. Mas, em pouco tempo, desapareciam.

Decididamente, a Pontuação Ltda. era o lugar onde se deveria ir quando se quisesse pontuação. Eles tinham a reputação.

*John Guaspari*

A inovação. A vasta linha de produtos. Eles tinham (por uma ampla margem) a liderança do mercado.

Eles eram fortes.

Ou assim pensavam.

Mas um dia, ao examinar o relatório trimestral de vendas, O CHEFE deparou-se com um nome não familiar.

Ah! E viu que a Pontuação Ltda. estava em primeiro lugar. Mas, em segundo lugar, viu um novo rival chamado Processo Ltda.

Ele chamou então em sua sala o homem que era seu braço direito.

"O que você sabe sobre a Processo Ltda?", perguntou O CHEFE.

"Eu acho que eles são o número dois", disse o homem que era o braço direito. "Na verdade, acho que eles estão em segundo lugar já há quatro trimestres consecutivos."

O homem que era o braço direito percebeu que isso não era uma notícia muito boa para O CHEFE. E ele não gostava de dar más notícias ao CHEFE.

"Não devo me preocupar com isso", pensou, e continuou, tentando facilitar as coisas para O CHEFE (e para si próprio): "Além do mais, alguém tem de ser o segundo. Não importa que seja a Processo Ltda. Com o tempo, eles desaparecerão como os outros. Você verá."

"Espero que você esteja certo", disse O CHEFE.

Mas o homem braço-direito não estava tão certo assim.

A Processo Ltda. permaneceu em segundo lugar por seis trimestres consecutivos. Isso era muito ruim.

Mas o que realmente preocupava O CHEFE era o fato de que a Processo Ltda. havia ganho participação no mercado durante dez trimestres consecutivos – tirando clientes da Pontuação Ltda.

E isso nunca havia acontecido antes.

O CHEFE chamou o homem que era seu braço esquerdo e perguntou o que ele pensava.

"Não se preocupe, CHEFE", disse o homem que era o braço esquerdo. "A Processo Ltda. não representa uma ameaça para nós. Tudo o que eles fazem são imitações baratas dos nossos produtos. Eles nunca terão uma idéia original."

*John Guaspari*

"Mas eles estão ganhando mercado!", disse O CHEFE. "Eles voltarão para nós", disse o homem que era o braço esquerdo. "E de qualquer forma, se as pessoas não conseguem ver que nós é que temos idéias e *know-how*, então quem precisa disso? Nós continuaremos sendo o número um. Deixem que vão para a Processo Ltda. Lembre-se, alguém tem de ser o segundo, certo?"

"Certo", disse O CHEFE.

"Alguém tem de ser o número dois", pensou.

E era isso o que ele temia.

*A Empresa Que Parou no Tempo*

Então, O CHEFE resolveu fazer uma pesquisa de mercado.

Foi a uma loja próxima e procurou o departamento de pontuação. (A Pontuação Ltda. era tão dominante que, nas lojas, a seção de pontuações levava o seu nome.)

Ele planejava esperar ali até que as pessoas comprassem pontuação da Processo Ltda. e não da Pontuação Ltda. e perguntar a elas o porquê.

Não teve de esperar muito.

Primeiro veio uma senhora, trazendo pela mão duas criancinhas. Ela passou direto pelo *display* da Pontuação Ltda. e foi ao *display* da Processo Ltda.

Lá ela escolheu dois pacotes tamanho família da Processo Ltda.: havia no pacote vírgulas, pontos, pontos de interrogação e pontos de exclamação; uma dúzia de cada. Sem brindes. Sem extras.

O CHEFE se aproximou. "Desculpe", disse, "mas eu vi que a senhora preferiu o pacote tamanho família da Processo Ltda. Posso saber por quê?"

"Porque eu tenho crianças pequenas", ela respondeu, "e eu preciso me comunicar com elas de uma maneira muito simples e eficiente. Até agora tenho conseguido fazer com que me entendam. Desculpe um momento".

E assim voltou-se para sua filhinha, que havia começado a andar pela loja.

"Jennifer", disse ela, com muita calma e clareza. Sem esforço, sem gritar. "Volte aqui."

E Jennifer obedeceu.

"De qualquer modo", continuou a senhora, voltando sua atenção ao CHEFE, "esse produto parece ser melhor".

O CHEFE perguntou: "Mas a senhora sabe que a Pontuação Ltda. oferece um produto semelhante?".

"Sim, mas...", começou a senhora. Antes que ela pudesse completar sua resposta, seu filhinho começou a pegar outro pacote tamanho família, na prateleira.

"Jeremy", disse a senhora, calma e claramente. Sem gritar, sem esforço. "Coloque de volta."

E Jeremy obedeceu.

"Como eu estava dizendo", continuou a senhora, "eu acho que é por causa da **qualidade**".

Aquela era exatamente a última resposta que O CHEFE esperava ouvir.

"A senhora já experimentou os produtos da Pontuação Ltda.?", perguntou ele.

"Sim, experimentei", disse a senhora.

"E então?", perguntou O CHEFE.

"Parece que não funcionam muito bem", respondeu a senhora.

"Como assim?", tentou O CHEFE.

"Eu não sei – a Qualidade parece que não é tão boa", disse a senhora, encolhendo os ombros.

"E como exatamente a senhora definiria a Qualidade?", perguntou O CHEFE (em um tom talvez um pouco mais agressivo do que seria necessário em uma pura pesquisa de mercado, sem maiores interesses).

A mulher balançou os ombros novamente e disse: "Eu diria que *eu sei quando eu vejo*".

O CHEFE agradeceu pela atenção. Em seguida ela saiu, com Jennifer e Jeremy felizes e sob seu controle.

*John Guaspari*

O CHEFE achou tudo isso muito irritante.

Afinal, ela estava trocando um produto por outro – em prejuízo do original – tudo por causa da Qualidade.

Mas, quando ele perguntou o que a Qualidade significava para ela, tudo o que ela pôde dizer foi: "Eu sei quando eu vejo".

Como era possível dirigir um negócio que se destinava a pessoas como aquela?

Para piorar ainda mais, o fato se repetiu durante todo aquele dia. Pessoas diferentes, com diferentes modos de vida, com diferentes necessidades de pontuação, estavam todas comprando produtos da Processo Ltda.:

*Disk jockeys*, das emissoras de FM, que necessitavam ser românticos.

Professores, que necessitavam ser exatos.

Policiais de trânsito, que precisavam ser autoritários.

Engenheiros, que escreviam (e às vezes falavam) em linguagem técnica.

Membros do clero, que necessitavam ser compassivos.

Donos de bares, que precisavam ser solidários.

Mendigos, para os quais ser patético simplesmente era o suficiente.

Controladores de tráfego aéreo, que precisavam ser infalivelmente precisos.

*A Empresa Que Parou no Tempo*

Instrutores de ginástica, que precisavam demonstrar paciência e jovialidade.

Instrutores dos fuzileiros navais, que não precisavam de nada disso.

Um a um foram passando.

E, quando O CHEFE perguntava a eles por que estavam comprando da Processo Ltda., obtinha sempre a mesma resposta.

"Qualidade", diziam todos. Misteriosamente.

E, quando ele pedia que definissem o que a Qualidade representava para eles, obtinha também sempre a mesma resposta.

"Eu sei quando eu vejo", diziam todos. Mais misteriosamente.

*John Guaspari*

O CHEFE sentiu uma mistura de emoções.

Ele se sentia engajado em alguma coisa, o que era uma coisa boa.

Mas "Eu sei quando eu vejo" não era suficiente para dirigir um negócio.

Ou assim pensava ele.

*A Empresa Que Parou no Tempo*

No dia seguinte, O CHEFE estava de volta ao seu escritório. Sentia-se muito melhor do que na véspera.

Aparentemente, a questão era Qualidade. Era isso o que as pessoas queriam – mesmo que não tivessem uma noção exata do que era.

Dar-lhes Qualidade seria fácil. Afinal, fazer um trabalho de alta qualidade significa apenas dar duro, fazer melhor!

O CHEFE sempre havia feito um trabalho de alta qualidade. Era por isso que havia chegado ao posto de CHEFE.

E mesmo agora, que ele já era O CHEFE, ainda lutava pela Qualidade. Exatamente uma semana atrás, estava na expedição um lote de pontos de interrogação, pronto para ser despachado a um cliente que havia solicitado vírgulas.

Se o carregamento tivesse sido despachado, pessoas ocupadas, que queriam completar longas listas de tarefas e que precisavam de vírgulas para separar os itens das listas, teriam pontos de interrogação. Assim, em vez de ter seu trabalho terminado rapidamente, teriam de parar a todo instante para se questionarem mutuamente.

Teria sido um desastre da Qualidade!

– 17 –

Mas durante uma de suas visitas semanais ao departamento de expedição O CHEFE descobriu a confusão e evitou o problema.

E isso não custou virtualmente nenhum esforço!

Portanto, se cada um realmente desse duro e trabalhasse melhor, a Qualidade não melhoraria?

"Essa será minha prioridade número um", jurou O CHEFE. "Mandarei as pessoas 'Darem Duro'! 'Trabalharem Melhor'! Então teremos melhor Qualidade, e as pessoas não terão mais motivos para comprar produtos da Processo Ltda."

Ou assim pensava ele.

*A Empresa Que Parou no Tempo*

Assim, O CHEFE usou o sistema de alto-falantes da fábrica para dirigir-se a todos os funcionários da Pontuação Ltda.

"Atenção todos. Aqui é O CHEFE falando."

E as pessoas pararam o que estavam fazendo, voltando suas atenções para os alto-falantes instalados nas paredes, por todo o prédio.

Elas gostaram da interrupção e estavam felizes por ouvir O CHEFE. Elas o respeitavam e admiravam. Se O CHEFE tinha algo a dizer, elas estavam prontas para ouvir.

"Todos vocês sabem", disse O CHEFE, "que a Pontuação Ltda. tem tido um fabuloso sucesso nestes anos".

"Hurra!", exclamaram os funcionários. O CHEFE podia ouvir do escritório seus gritos de aplauso, e estava contente.

"Muitos de vocês também sabem", continuou O CHEFE, "que estamos sofrendo uma dura competição de outra empresa chamada Processo Ltda.".

"Buuuu!", exclamaram os funcionários. "Tudo o que eles fazem é copiar o que fazemos!"

*John Guaspari*

"Nós temos todas as idéias!"

Isso também fez O CHEFE sorrir.

Ele continuou: "Eu tenho feito algumas pesquisas de mercado para descobrir por que isso está acontecendo, e acho que tenho a resposta".

"Hurra para O CHEFE!", exclamaram os funcionários.

O CHEFE sorriu novamente.

"A questão parece ser a Qualidade", disse ele. "Assim, a partir de hoje, a Pontuação Ltda. fará produtos de qualidade melhor do que quaisquer outros!"

"Três aclamações para O CHEFE!"

"Hip-hip-hurra!"

"Hip-hip-hurra!!"

"Hip-hip-hurra!!!", exclamaram os funcionários.

O CHEFE estava delirando.

"E agora vou dizer a vocês como obteremos melhor Qualidade!", disse com entusiasmo O CHEFE.

O silêncio era tal que se poderia ouvir uma vírgula caindo. Na verdade, uma caiu.

Plinck.

Os funcionários estavam sem fôlego, de tanta ansiedade.

*A Empresa Que Parou no Tempo*

Eles sabiam que O CHEFE havia descoberto o segredo. E eles estavam prestes a compartilhar desse segredo. E, em breve, a Processo Ltda. seria apenas uma vaga lembrança.

Oh! Hurra para O CHEFE, hurra!

"O segredo é", disse O CHEFE, preparando-se para atingi-los em cheio, pois os funcionários estavam até inclinados para a frente, de tanta ansiedade:

"Dêem Duro! Trabalhem Melhor!"

Em seguida, esperou pela reação.

Mas não houve nenhuma. Ou pelo menos alguma que se pudesse ouvir.

Na verdade, o silêncio ainda era tal, que se poderia ouvir uma vírgula caindo, mas, agora, por uma razão diferente.

Os funcionários estavam atordoados.

"Dar Duro?!?", disse alguém, finalmente. "Ele não sabe que nós já damos duro o bastante?"

"Trabalhar Melhor?!?", disse outro. "Em quê? Fazendo as encomendas saírem dentro dos prazos? Ou garantindo que um produto funcione? Trabalhar Melhor em quê?!?"

"Dar Duro!?!! Trabalhar Melhor!?!", exclamaram todos os funcionários.

O CHEFE podia ouvir as exclamações alto e claro.

E o silêncio que se seguiu também foi alto e claro.

*John Guaspari*

Essa não era a reação que ele esperava.

Voltou a antiga sensação – a sensação que ele tivera quando todos aqueles clientes, ao falarem sobre a Qualidade, diziam "Eu sei quando eu vejo".

Como era possível que ele estivesse dirigindo uma empresa cujos funcionários eram tão imprevisíveis? Quem haveria de pensar que eles reagiriam tão negativamente ao simples encargo de dar duro um pouco mais, trabalhar um pouco melhor?

Esse e outros milhares de pensamentos passaram pela cabeça do CHEFE.

É claro que havia necessidade de repensar as coisas. Talvez precisasse reconsiderar, reavaliar as coisas.

Porém não havia tempo agora.

Todos os funcionários da Pontuação Ltda. permaneciam ainda parados diante dos alto-falantes, esperando para ouvir o que mais ele tivesse a dizer.

E, se não estavam totalmente aborrecidos, certamente estavam menos contentes do que antes, muito menos.

Ele precisava dizer alguma coisa, mesmo que fosse apenas para colocar um fim nesse pequeno drama do momento. Ele apertou o botão do microfone e disse:

"Dêem Duro! Trabalhem Melhor!... Tenham um bom dia!!"

Os funcionários voltaram ao trabalho.

O CHEFE colocou o microfone no lugar, sentou em sua cadeira e consolou-se, pensando que, se seu discurso não fora um grande sucesso, ao menos não causara nenhum dano.

Ou assim pensava ele.

*John Guaspari*

O discurso do CHEFE teve um efeito, sim.

Agora, além de as vendas e os lucros estarem baixos, e de a fatia de mercado atendida pela empresa estar se tornando cada vez mais restrita, o moral dos funcionários da empresa estava baixo também.

Até mesmo uma funcionária antiga deixou a Pontuação Ltda. para ir trabalhar – sim senhores – na Processo Ltda.

No seu último dia na empresa, ela dirigiu-se ao CHEFE e disse: "Eu queria ajudá-lo a resolver os problemas que a Processo Ltda.

*A Empresa Que Parou no Tempo*

vem nos causando. Mas eis que vai você ao alto-falante e diz que eu sou parte do problema!".

Isso, mais do que qualquer outra coisa, realmente incomodou O CHEFE.

"Que tal piorar uma situação que já estava ruim?", disse para si. "Que droga de liderança!"

Balançou a cabeça tristemente.

Em seguida, chamou seu homem braço-direito e seu homem braço-esquerdo.

"Os funcionários estão abatidos", disse O CHEFE ao seu homem braço-direito e ao seu homem braço-esquerdo, após reunir-se com eles em sua sala. "E eles têm razão de estar abatidos."

"Boas pessoas querem fazer bom trabalho. Trabalho com Qualidade. E nossos funcionários são boas pessoas. Mas as pessoas – mesmo as boas – cometem erros. Boas intenções não bastam."

"Dar Duro, Trabalhar Melhor! não é suficiente."

"Como podemos conseguir melhor Qualidade se temos boas pessoas que já estão fazendo o melhor?"

"O que está faltando? O que precisamos providenciar?"

Pelo tom de voz, estava claro que O CHEFE tinha em mente uma resposta.

O homem braço-direito e o homem braço-esquerdo tentavam adivinhar que resposta era essa.

*John Guaspari*

"Mais gratificações?", sugeriu o homem braço-direito.

O CHEFE acenou negativamente com a cabeça.

"Mais ameaças?", tentou o homem braço-esquerdo.

O CHEFE acenou com a cabeça novamente.

"Não", disse ele, "gratificações e ameaças não funcionam. São apenas motivadores. Mas os funcionários não precisam de motivação. Eles precisam de liderança. E é nossa função dar-lhes essa liderança!".

O homem braço-direito e o homem braço-esquerdo concordaram imediatamente.

O CHEFE continuou: "Os nossos clientes – eu deveria dizer nossos ex-clientes – estão nos dizendo que a Qualidade, seja lá o que for, é a chave. Assim, temos de proporcionar Qualidade, e temos de proporcioná-la agora!".

O homem braço-direito e o homem braço-esquerdo acharam que O CHEFE estava se alterando. Mas havia alguma coisa no tom de voz do CHEFE que os fez ouvir com um pouco mais de atenção do que de costume.

"As pessoas são apenas humanas", disse O CHEFE "Os erros são inevitáveis. O segredo para se melhorar a Qualidade é detectar esses erros logo que eles ocorrem. E como vamos detectar os erros logo que eles ocorrerem?"

Dessa vez, o homem braço-direito e o homem braço-esquerdo estavam em sintonia com O CHEFE.

"Mais inspeção!?!", disseram eles em uníssono.

– 26 –

*A Empresa Que Parou no Tempo*

"Certo", concordou O CHEFE. "Mais inspeção. A partir de hoje, vamos dobrar nossa força de trabalho."

"Dobrar a força de trabalho?", disseram em uníssono os homens braço-direito e braço-esquerdo.

"Certo. Dobrar a força de trabalho", disse O CHEFE. "Para cada funcionário que já temos, vamos contratar outro. E vocês sabem o que esses novos funcionários vão fazer?"

Eles não sabiam.

"Eles vão inspecionar tudo o que os outros funcionários fazem, e no momento em que fizerem. Desse modo os erros serão detectados logo que ocorrerem! Nada escapará."

"Nós vamos superar nossos problemas de Qualidade com mais inspeção!!"

*John Guaspari*

"E, para mostrar exatamente o quanto eu valorizo vocês, como voto de confiança, não colocarei nenhum novo funcionário para tomar conta de vocês dois!"

O homem braço-esquerdo e o homem braço-direito estavam contentes. E aliviados. Prematuramente.

"Vocês dois", disse O CHEFE triunfalmente, "podem inspecionar um ao outro!".

*A Empresa Que Parou no Tempo*

Surpreendentemente, um mês depois, as coisas estavam piores do que antes.

Os lucros estavam baixos.

A participação no mercado havia caído mais ainda (perdida, naturalmente, para a Processo Ltda.)

*John Guaspari*

O moral estava baixo.

O CHEFE estava abatido.

A única coisa que estava alta era o tamanho da força de trabalho.

"Como pode ser?", disse O CHEFE ao homem braço-esquerdo e ao homem braço-direito. "Nós temos pessoas cuja única tarefa é detectar os erros. E temos ainda mais erros do que antes. Pretendíamos superar nossos problemas de qualidade. Agora os nossos problemas de Qualidade estão piores do que antes. Onde nós erramos?"

Mas nenhum deles respondeu. Ele tentou novamente.

"Onde erramos?", perguntou ele.

Silêncio novamente.

"Onde, senhores", perguntou O CHEFE pela terceira vez, com um tom de voz mais áspero, "onde erramos?".

Nesse momento, o homem braço-direito olhou para o homem braço-esquerdo e o homem braço-esquerdo olhou para o homem braço-direito.

"Eu pensei que você tivesse a resposta!", disseram ambos um para o outro, em uníssono.

"Hoje é seu dia de fazer o trabalho e meu dia de fazer a inspeção!", disse o homem braço-direito ao homem braço-esquerdo.

"Não, não é. É o seu dia de fazer o trabalho e o meu de fazer a inspeção!", disse o homem braço-esquerdo ao homem braço-direito.

*A Empresa Que Parou no Tempo*

"Bem, se é o seu dia de inspecionar, então por que você não verifica qual de nós está certo?", disse o homem braço-direito ao homem braço-esquerdo.

"Porque eu achei que, se eu fizesse um erro, você deveria detectá-lo. Afinal, é a sua tarefa!", disse o homem braço-esquerdo ao homem braço-direito.

"Não hoje!", disse o homem braço-direito ao homem braço-esquerdo.

"Sim, hoje!", disse o homem braço-esquerdo ao homem braço-direito.

"Quem começou primeiro?", pensou O CHEFE. Ele não precisava mais perguntar onde as coisas estavam erradas, podia ver por si mesmo.

Ali estavam seus dois auxiliares de maior confiança.

Nenhum dos dois sabia mais quais eram suas obrigações.

Eles não tinham mais responsabilidade – cada um supunha que o outro deveria ser o inspetor que detectaria seus erros.

O CHEFE imaginou aquela cena que se apresentava diante dele repetida a cada dia, com cada funcionário. Duas vezes mais funcionários do que antes.

"Não admira que a Qualidade esteja baixa", pensou ele.

E que o moral esteja baixo.

E a produtividade baixa.

E a lucratividade baixa.

*John Guaspari*

E a participação no mercado baixa.

Não era de admirar que as pessoas não estivessem desempenhando bem suas obrigações. O CHEFE havia tornado impossível às pessoas saber onde suas obrigações terminavam e onde começavam as do outro.

O que O CHEFE teria de fazer?

*A Empresa Que Parou no Tempo*

A essa altura O CHEFE havia chegado a várias conclusões.

Acima de tudo, ele havia decidido que a Qualidade era nada menos do que uma questão de sobrevivência.

Disso ele estava certo. (E, se houvesse alguma sombra de dúvida, bastaria uma olhada nos gráficos indicativos da participação no mercado para dissipá-la.)

Dar Duro! Trabalhar Melhor! Não era ainda a resposta.

E Mais Inspeção! também não era a resposta.

O CHEFE estava mais desanimado do que nunca.

Ele havia tentado resolver os problemas da Qualidade e apenas conseguira piorar as coisas.

O moral estava mais baixo do que nunca. E agora ele tinha duas vezes mais pessoas cujo moral estava baixo!

Não. Seu plano para superar o problema da Qualidade através da inspeção em massa havia sido um fracasso em todos os aspectos, exceto em um: a única coisa que ele conseguiu com sucesso foi aumentar dramaticamente o número de defeitos.

"Cada um imaginou", disse O CHEFE para si mesmo, "que o outro iria detectar seus erros. E isso apenas garantiu que houvesse mais erros para detectar".

*John Guaspari*

Essa introspecção levou-o tristemente a definir o corolário do CHEFE para a lei de Parkinson:

*Em um sistema fechado, o número de erros cometidos aumenta até preencher a capacidade de inspeção disponível.*

Ele sorriu ironicamente quando mostrou esse corolário ao seu homem braço-direito e ao seu homem braço-esquerdo.

"Se meu corolário estiver correto", disse ele, "então inventamos um sistema no qual está garantido que serão cometidos mais erros do que antes. E não há nada que possamos fazer — a não ser, naturalmente, que mudemos o Sistema".

"Claro, a menos que mudemos o Sistema", disse desanimado o homem braço-direito, encolhendo os ombros.

"Claro, a menos que mudemos o Sistema", acenou com a cabeça o homem braço-esquerdo em concordância.

O CHEFE tirou-os daquele marasmo com um berro.

"Claro, a menos que mudemos o Sistema", exclamou excitadamente.

"Naturalmente!", disse o homem braço-direito. "Dar Duro! Trabalhar Melhor! não funcionou porque as pessoas já estavam dando duro e fazendo o melhor! Mas um certo número de erros foi introduzido no Sistema!"

"Naturalmente!", disse o homem braço-esquerdo. "Mais Inspeção! não funcionou porque as pessoas não se sentiam mais responsáveis pela Qualidade. Isso foi introduzido no Sistema também!"

Os três chegavam agora a uma conclusão.

"Parece que temos de mudar o Sistema", disse o homem braço-direito.

"Mas como?" perguntou o homem braço-esquerdo.

"De imediato, não estou muito certo", disse O CHEFE. "Mas tenho certeza de que é nossa função descobrir como fazer isso. A Administração não tem outra tarefa senão a de arrumar o Sistema."

Ou assim pensava ele.

E, dessa vez, ele estava certo.

*John Guaspari*

Assim, sentaram-se para arrumar o Sistema.

"O seu corolário", disse o homem braço-direito ao CHEFE, "diz que o número de erros se expande até preencher a capacidade de inspeção do Sistema".

"Assim, se quisermos diminuir o número de erros", disse o homem braço-esquerdo, "temos de reduzir a capacidade de inspeção do Sistema."

O CHEFE estava em silêncio. Pensando.

O homem braço-direito e o homem braço-esquerdo se olharam mutuamente e sorriram. Ambos haviam chegado à mesma conclusão.

"A maneira de arrumar o Sistema", proclamaram em uníssono ao CHEFE, "é dispensar todos os novos funcionários que contratamos como inspetores! Então teremos menos capacidade de inspeção e, de acordo com o seu corolário, isso significa que o número de defeitos diminuirá! Esta é a solução!".

Eles estavam delirantes quando se levantaram da mesa de conferência e se encaminharam para a porta para pôr em prática a idéia. (Embora ambos gostassem de ser estimados pelos funcionários, eles gostavam ainda mais de ser gerentes durões. E isso era dureza à beça. O máximo!)

*A Empresa Que Parou no Tempo*

"Sentem-se", disse O CHEFE calmamente.

Eles ficaram desapontados. Mas sentaram-se.

"Vocês estavam prestes a cometer o maior erro", disse O CHEFE.

"Mas e o seu corolário?", perguntaram.

"Meu corolário começa com as palavras '*Em um Sistema fechado...*'. Mas nós já alteramos o Sistema. Fizemos um grande alarido sobre a Qualidade. Dobramos a força de trabalho. *Demitir as pessoas seria um golpe na confiança. Isso* faria o moral cair ainda mais."

"Se o moral cai, a Qualidade cai."

"Se a Qualidade cai, a participação no mercado cai."

"Se a participação no mercado cai, os lucros caem."

"E, se a lucratividade cair muito mais, a Pontuação Ltda. cai. Conseqüentemente."

Eles permaneceram em silêncio por um momento. Então, o homem braço-esquerdo falou: "Você acaba de nos salvar de um sério engano. É por isso que você é O CHEFE", disse ele.

"E certamente era muito mais fácil evitar que o erro acontecesse na primeira vez do que ter de consertá-lo após o fato consumado", disse o homem braço-direito.

Paff! O CHEFE bateu com a palma da mão sobre a mesa. "O que você disse?!?", perguntou excitado ao homem braço-direito.

O homem braço-direito não sabia exatamente como reagir à explosão do CHEFE, mas sabia que era melhor responder. "Eu

*John Guaspari*

apenas disse", falou timidamente o homem braço-direito "que era mais fácil evitar o erro do que ter de consertá-lo".

"Eu achei que era isso mesmo o que você havia falado", disse O CHEFE.

E então ele sorriu.

Largamente.

*A Empresa Que Parou no Tempo*

O CHEFE andava muito sorridente nos últimos seis meses, desde que o seu homem braço-direito, com seu comentário oportuno, havia lhe mostrado o caminho.

"Uma vez que mudamos nossa maneira de pensar, trocamos a Inspeção pela Prevenção, as coisas começaram a se encaixar", disse ele para si mesmo, com um breve sorriso e meneando a cabeça.

*John Guaspari*

A Qualidade estava alta.

O Moral estava alto.

A Produtividade estava alta.

A Lucratividade estava alta.

Ele estava um pouco perplexo pelo fato de que a participação no mercado havia apenas estabilizado.

Mas havia parado de cair. (O entrave, naturalmente, continuava sendo a Processo Ltda.) E parece que era apenas questão de tempo, até que a Processo Ltda. se juntasse ao grupo dos derrotados que pretendiam conquistar o domínio da Pontuação Ltda.

"Conseguimos dar uma guinada nos nossos problemas de Qualidade agora", disse para si com grande satisfação (e era compreensível).

E a ironia estava no fato de que mudar de Inspeção para Prevenção havia sido relativamente fácil. Bastou mudar o modo de pensar.

Havia uma ironia maior: aquilo que parecera ser seu grande problema – o que fazer com todos aqueles funcionários extras que haviam sido contratados como inspetores? – havia se transformado na sua salvação.

Era tão simples, pensou O CHEFE, com outro sorriso e outro aceno com a cabeça.

Eles pretendiam mudar de Inspeção para Prevenção. E eles tinham mais inspetores do que o número que podiam utilizar. Assim, fizeram a coisa mais óbvia.

*A Empresa Que Parou no Tempo*

Transformaram os inspetores excedentes em elementos de Prevenção.

E isso deu certo.

Maravilhosamente.

Na verdade, mais maravilhosamente do que eles esperavam.

Aquilo não deveria ter sido uma grande surpresa, mas foi, pensou O CHEFE com um sorriso e um aceno com a cabeça, pela terceira vez.

Afinal, para exercer a função de prevenir os defeitos, as pessoas mais indicadas são aquelas que foram treinadas para apontar os defeitos.

Quem melhor do que as pessoas que conhecem o processo que causou os defeitos?

O segredo estava em reconhecer que nossa capacidade de Inspeção realmente formou a base sólida para nossa capacidade de Prevenção.

Dentro de poucos dias, os novos elementos de Prevenção estavam levando quantidades enormes de informações úteis sobre Prevenção. Apenas era necessário que alguém administrasse as informações levantadas por eles.

Isso tinha sido ainda mais fácil. O CHEFE havia colocado o seu homem braço-direito encarregado de prevenir defeitos no departamento de projeto. E seu homem braço-esquerdo ficou encarregado de prevenir os defeitos no departamento de fabricação.

– 41 –

*John Guaspari*

E cada um tinha grandes histórias de sucesso para contar.

O homem braço-esquerdo havia descoberto uma maneira de prender o pequeno ganchinho na parte inferior da vírgula, e maneira que ele não caísse no meio de uma sentença. Agora os clientes não reclamavam mais dos ganchinhos caídos, que transformavam as vírgulas em pontos. (Aquilo já era um incômodo quando estavam escrevendo. Mas, quando estavam falando, paradas bruscas e repentinas se transformavam em problemas graves).

O homem braço-direito havia feito uma pequena correção no projeto dos parênteses, arredondando as extremidades o suficiente para eliminar a possibilidade de cortar os dedos e as reivindicações de indenização do pessoal da fábrica, e de cortar os dedos e as ações judiciais dos consumidores.

"Eles fizeram um supertrabalho de prevenção de defeitos", pensou O CHEFE. "Acho que devo chamá-los e lhes dizer isso."

E assim fez.

"Senhores", disse O CHEFE ao homem braço-direito e ao homem braço-esquerdo após entrarem em sua sala, "quero que saibam como estou feliz pelo progresso que temos conseguido".

"Nós vimos que havia um problema de Qualidade. Tudo o que as pessoas sabiam nos dizer sobre Qualidade era simplesmente 'Eu sei quando eu vejo'. Francamente, isso não ajudou muito. Mas nós perseveramos."

"Primeiro tentamos Dar Duro! Trabalhar Melhor! Mas isso não funcionou porque nossos funcionários já estavam dando o melhor e trabalhando melhor."

*A Empresa Que Parou no Tempo*

"Depois tentamos Mais Inspeção! Mas isso não melhorou a Qualidade. Com isso apenas descobríamos os erros depois de eles terem sido cometidos."

"Então fomos iluminados! Mudamos nossas posturas. Mudamos de Inspeção para Prevenção dos defeitos. E as coisas melhoraram!"

"A Qualidade subiu!"

"O Moral subiu!"

"A Produtividade subiu!"

*John Guaspari*

"A Lucratividade subiu!"

"Permanecemos empatados com a Processo Ltda. na participação do mercado, mas é apenas questão de tempo até ganharmos o mercado de volta! Acho que acabamos com os nossos problemas de Qualidade!"

"É apenas questão de tempo!", exclamou o homem braço-direito.

"Acabamos com o problema!", exclamou o homem braço-esquerdo.

Ou assim pensavam eles.

*A Empresa Que Parou no Tempo*

Bzzzzzz! tocou a campainha do intercomunicador do CHEFE, interrompendo a celebração.

"Sim?", disse O CHEFE.

"Há aqui um cliente que quer vê-lo", disse a secretária do CHEFE. "Devo dizer a ele que volte mais tarde?"

"Não, não, não! Mande-o entrar já! Imediatamente!"

O homem braço-esquerdo e o homem braço-direito levantaram-se para sair.

"Fiquem, fiquem!", disse O CHEFE, bondosamente. "Ele provavelmente está aqui para nos agradecer pela alta Qualidade do nosso produto. Os senhores devem compartilhar os elogios."

O homem braço-direito e o homem braço-esquerdo estavam contentes.

Então, entrou o cliente. "Eu tenho duas reclamações a fazer", disse ele bruscamente.

O homem braço-direito e o homem braço-esquerdo ficaram menos contentes.

"Reclamações? Sobre o quê?", perguntou O CHEFE.

"Sobre a Qualidade dos seus Produtos", disse o cliente.

*John Guaspari*

"Aposto que ele nem sabe o que é Qualidade", sussurrou o homem braço-direito ao homem braço-esquerdo.

"Mas ele vai dizer que sabe quando vê", sussurrou o homem braço-esquerdo ao homem braço-direito.

"Quero ouvir suas reclamações", disse O CHEFE. "Mas, antes disso", acrescentou, lembrando da sua pesquisa de mercado, "poderia o senhor me dizer qual é a sua definição sobre a Qualidade?".

"Não estou bem certo, eu acho. Mas eu sei quando eu vejo", disse o cliente.

"Percebe-se", indicaram sarcasticamente com gestos o homem braço-direito e o homem braço-esquerdo.

"É", disse O CHEFE, sentindo uma raiva já familiar. "Bem, quais são especificamente as suas reclamações?"

"A reclamação número um é sobre o seu projeto dos sinais de adição", disse o cliente.

Nesse instante, o homem braço-direito sentiu-se atingido. Afinal, ele era o responsável por prevenir defeitos de projeto.

"No mês passado eu preenchi minha declaração de imposto de renda", continuou o cliente. "Em algum lugar, no correio, a peça vertical do sinal de adição deve ter caído. O senhor sabe o que fica quando se remove a peça vertical de um sinal de adição – de um dos *seus* sinais de adição?", perguntou o cliente.

O CHEFE pensou um pouco. "Um sinal de subtração", respondeu.

*A Empresa Que Parou no Tempo*

"Exatamente. Um sinal de subtração. E o senhor sabe o que mais acontece?"

"Não", disse O CHEFE. E, fora a dor de estômago que ele sentiu, estava falando a verdade. "O que aconteceu?"

"Paga-se o dobro do imposto! Isso é o que acontece! Tudo por culpa de um defeito de projeto nos seus sinais de adição!"

O CHEFE olhou para o homem braço-direito. "Tem uma resposta?", perguntou.

"Muito fácil", disse o homem braço-direito, muito aliviado. "Não é um problema de projeto, de modo algum. É um problema de fabricação. Uma solda malfeita nos pontos, eu acho."

O homem braço-esquerdo fez uma cara feia para o homem braço-direito.

"De qualquer forma", continuou o homem braço-direito, "o senhor está errado quando diz que temos um problema de Qualidade no projeto".

"Bem, seja o que for", disse o cliente. "Eu conheço a Qualidade quando eu vejo, e ela não estava lá."

O CHEFE estava ficando preocupado. "Qual é a sua segunda reclamação?", perguntou.

"A reclamação número dois refere-se à maneira como vocês fabricam seus pontos de exclamação", disse o cliente.

Desta vez, foi o homem braço-esquerdo, que estava encarregado de prevenir os defeitos na fabricação, que foi atingido.

*John Guaspari*

"Prossiga", disse O CHEFE.

"Eu estava tentando impor disciplina aos meus garotos. Eu queria ser rigoroso, e, portanto, usei alguns dos seus pontos de exclamação. Eu estava fervendo de tanta raiva. Estava fervendo tanto, que os pontos de exclamação começaram a se fundir."

"E então?", disse O CHEFE, com medo da resposta que viria.

"Quando os pontos de exclamação se fundiram, eles se transformaram em pontos de interrogação!", exclamou o cliente. "Assim, em vez de ser rigoroso, me tornei fraco! Em vez de ser firme, me tornei benevolente! Tudo isso por causa da maneira como vocês fabricam seu produto!"

"Você está bastante enérgico e forte agora", brincou O CHEFE, meio sem graça.

"É porque os pontos de exclamação que estou usando agora são da Processo Ltda.!", foi a resposta clara e direta.

O CHEFE voltou-se para o homem braço-esquerdo.

"Tem uma resposta?", perguntou.

"Muito simples", disse o homem braço-esquerdo, muito aliviado. "Ele está errado. O que ele considerou como má qualidade de fabricação é na verdade um problema de projeto. Provavelmente, uma confusão com os materiais."

O homem braço-direito fez uma cara feia para o homem braço-esquerdo.

"Bem, seja lá o que for", disse o cliente. "Eu conheço qualidade quando vejo, e lá não havia qualidade."

*A Empresa Que Parou no Tempo*

A sala ficou em silêncio.

O homem braço-direito estava zangado com o cliente por ele ter feito reclamações sem fundamento sobre a Qualidade no projeto.

Idem, o homem braço-esquerdo sobre a Qualidade da fabricação.

O CHEFE estava confuso, preocupado com assunto mais importante: aparentemente, o problema da Qualidade não estava resolvido ainda.

Finalmente, O CHEFE falou. "Obrigado por ter vindo aqui hoje nos dar sua opinião", disse ele ao cliente. "Pode estar certo de que vamos agir para resolver quaisquer problemas de Qualidade que possamos ter ainda."

Nesse instante, o homem braço-esquerdo e o homem braço-direito fizeram uma cara feia para o cliente.

"E agora", continuou O CHEFE, "há mais alguma coisa que possamos fazer pelo senhor?".

"Sim", respondeu o cliente, apresentando um grande saco marrom. "Pode ficar com tudo isso de volta."

E assim dizendo, foi despejando sobre a mesa do CHEFE um monte de sinais de pontuação – da própria Pontuação Ltda.

Pontos.

Ponto-e-vírgulas.

Pontos de interrogação.

Reticências.

– 49 –

Traços.

Parênteses.

Colchetes.

Apóstrofos.

Asteriscos.

Tudo o que você pode imaginar saiu daquele saco, formando um monte preto e empoeirado.

Finalmente, caiu uma última vírgula do saco...

rolou monte abaixo...

atravessou a mesa do CHEFE...

e caiu no chão aos pés do CHEFE.

*A Empresa Que Parou no Tempo*

Plinck.

E, com isso, o cliente saiu da Pontuação Ltda.

Literalmente e figurativamente.

*John Guaspari*

O CHEFE voltou-se para o homem braço-direito e para o homem braço-esquerdo e disse: "Por que vocês dois também não vão andando? Tenho de pensar em algumas coisas importantes".

E sorriu tristemente ao dizer isso. O homem braço-direito e o homem braço-esquerdo perceberam a tristeza do CHEFE e saíram sem falar nada, fechando a porta.

Então O CHEFE abaixou-se e pegou a vírgula que havia rolado do monte preto empoeirado e que havia caído a seus pés.

Segurou-a com o polegar e o indicador (pelo ganchinho) e começou a girá-la lentamente.

Em seguida, aproximou-se do retrato do fundador da Pontuação Ltda. e, segurando a vírgula no alto para que seu estimado predecessor pudesse vê-la melhor, disse:

"Rufus, meu velho, você sempre disse que estas coisinhas podiam ser muito poderosas. Nunca duvidei disso nem por um instante. Mas foi somente agora que compreendi como você estava certo."

Deu mais um giro na vírgula, lentamente. Então, suspirou, afundou-se em sua poltrona, e pôs-se a pensar.

"A Pontuação Ltda. é uma empresa perfeita", disse em voz alta. "Ela é perfeitamente funcional, apta a produzir algo perfeitamente útil."

*A Empresa Que Parou no Tempo*

"Mas ela não canta mais. Ela não brilha mais. Ao longo do tempo, perdemos alguma coisa – ou alguém tomou de nós. E nem sequer sei mais o que era."

O CHEFE suspirou novamente. Depois continuou.

"Sentimos a necessidade de ser líderes, de ser inovadores. Mas de alguma forma nossos gloriosos objetivos se transformaram em coisinhas corriqueiras."

"Nós identificamos um problema de Qualidade e tomamos providências quanto a isso."

"Nós reorganizamos as tropas e, de alguma forma, isso nos levou a um moral baixo."

"Incrementamos nossa capacidade de inspeção e, como resultado, obtivemos mais defeitos."

"Mudamos nosso ponto de vista para a Prevenção e isso resultou em ex-clientes."

O CHEFE olhou fixamente para o monte preto de sinais de pontuação que o ex-cliente havia jogado sobre sua mesa.

Ele sentiu como se estivesse em um beco sem saída.

Então ele fez aquilo que sempre fazia em situações assim. Pegou a caneta e começou a escrever as informações com as quais ele iria trabalhar.

E usou o estilo que sempre usava em tais situações: "Conversas comigo mesmo". Era assim que o chefe chamava isso.

Veja o que ele escreveu:

– 53 –

*John Guaspari*

1. *Qualidade é questão de sobrevivência.*
   Estou certo disso, acima de qualquer coisa. Às vezes, as pessoas se perdem em abstrações, com vagas noções sobre Qualidade. Isso está errado. Qualidade é lucro, produtividade e participação de mercado. E isso não é nada vago nem abstrato.

2. *A Qualidade pode não ser gratuita, mas custa muito menos que as outras alternativas.*
   É incrível como gastamos tanto dinheiro e tempo tentando corrigir nossos problemas de qualidade. Teria sido muito mais barato se tivéssemos resolvido os problemas logo na primeira vez.

3. *A Qualidade é obrigação de todos. Mas ela é responsabilidade do Gerente.*
   A tarefa dos gerentes é liderar. E a liderança requer duas coisas: movimento e seguidores. E o movimento tem de surgir primeiro.

4. *A maioria dos problemas de Qualidade está incorporada ao próprio Sistema.*
   As pessoas querem fazer um trabalho de alta Qualidade. E o farão, se o Sistema permitir. É nesta direção que o gerente deve se movimentar: em direção à melhora do Sistema.

5. *O primeiro passo para melhorar O Sistema é obter dados sobre o que precisa ser reparado.*
   Antes de fazer alguma coisa boa, você precisa saber o que está ruim. E as pessoas que estão em melhores condições de fornecer esses dados são aquelas que trabalham diretamente no processo – as pessoas que usávamos como inspetores.

*A Empresa Que Parou no Tempo*

**6.** *O segundo passo para melhorar O Sistema é mudar a mentalidade de Inspeção para Prevenção.*

No item 2, eu disse que a Qualidade é muito mais barata do que as alternativas. Bem, é certamente muito mais barato evitar que os defeitos ocorram do que ter alguém causando-os, outros procurando e outros consertando.

Nesse momento O CHEFE parou, largou a caneta e leu tudo o que havia escrito.

"Tudo isso são pontos válidos e bons", disse. Mas, se são tão bons e tão válidos – e se eu sou tão inteligente –, o que está fazendo em cima de minha mesa esse monte de sinais de pontuação?"

Já era bem tarde. Mas O CHEFE não podia nem sequer pensar em ir para casa dormir. Pelo menos, não iria enquanto não descobrisse a verdadeira solução para os problemas da Pontuação Ltda.

"Os clientes continuam a nos dizer que temos problemas de Qualidade – que eles compram da Processo Ltda. devido à Qualidade. Mas eles nem sequer sabem o que é Qualidade!" O CHEFE exclamou, frustrado. "Pergunta-se a eles e tudo o que eles sabem dizer é: 'Eu sei quando eu vejo!'"

O CHEFE estava passando da frustração à raiva.

"Se eles se preocupam tanto com a Qualidade", pensou alto, "por que não nos consultam sobre nossos registros de Qualidade?".

"Nós temos nossas especificações e são especificações apertadas! Nós temos nossas tolerâncias e são tolerâncias apertadas! E

– 55 –

temos registros que provam que atingimos nossas especificações e tolerâncias! Na verdade, aposto que cada um desses satisfaz às nossas especificações e tolerâncias!!"

Com esse pensamento, a raiva do CHEFE atingiu o máximo. Ele passou o braço pela mesa, espalhando pela sala todo o monte preto e empoeirado.

Todo o monte preto empoeirado, exceto um único ponto de exclamação que ficou sobre a mesa, bem à sua frente.

O CHEFE ameaçou atirá-lo ao chão também, mas não o fez.

"Agora vejo!", exclamou, usando o ponto de exclamação.

"Nossos clientes nos dizem que temos um problema de Qualidade, e nós nos voltamos para nossas especificações e tolerâncias, para ver se elas estão certas."

"É claro que elas estão certas! Os clientes não estão interessados em nossas especificações. Eles estão interessados na resposta a uma única pergunta: 'O Produto fez aquilo que eu esperava que fizesse?'"

"Se a resposta for sim, então é um produto de Qualidade. Se a resposta for não, então o produto não tem Qualidade. Nesse ponto, nossas especificações e tolerâncias não estão erradas; elas são apenas irrelevantes!"

O CHEFE estava ficando muito excitado. Tão excitado, que não ficaria embaraçado se alguém o surpreendesse falando sozinho em sua sala.

"Estivemos caminhando para trás o tempo todo! Abordamos o assunto como se fôssemos especialistas que poderiam realmente estabelecer a Qualidade definitiva para os nossos produtos."

*A Empresa Que Parou no Tempo*

"E ficávamos impacientes com nossos clientes, que não sabiam dizer nada mais preciso sobre a Qualidade do que 'Eu sei quando eu vejo'."

"Mas são eles que consomem nossos produtos, que confiam em sua intuição e *sabem melhor* o que é a Qualidade."

"Eles nos pagam para que sejamos precisos e rigorosos... para determinar quais são suas necessidades... e então fazer o que for necessário para satisfazer a tais necessidades."

"Eles nos pagam para que tenhamos um controle firme da Qualidade, e nós temos nos comportado como se as coisas devessem ser ao contrário!"

*John Guaspari*

Então O CHEFE começou a rir. Feliz e alegre.

E todos os meses de trabalho e frustração e confusão de repente foram esquecidos com essa simples visão cristalina.

Assim havia renascido a Pontuação Ltda.

*A Empresa Que Parou no Tempo*

# Epílogo

"Sem mais cerimônias, é com grande prazer que lhes apresento o Homem da Qualidade do Ano!"

Com essas palavras, o mestre de cerimônias dirigiu os aplausos para O CHEFE, que estava sentado na ponta da mesa.

Os *flashes* fotográficos brilharam em toda a platéia, à medida em que O CHEFE se encaminhava para a tribuna.

Ele demorou-se um pouco para chegar lá, porque todos na mesa queriam apertar a mão do CHEFE.

E o grupo era bastante distinto.

Para começar, o presidente estava lá.

E o governador.

Dois senadores, uma deputada e o prefeito.

É claro, a família do CHEFE estava lá também.

E até sua professora de quinta série estava lá, embora ninguém, nem mesmo O CHEFE, soubesse por quê.

Na platéia estavam centenas de funcionários da Pontuação Ltda.

E havia até uma funcionária da Processo Ltda. (Sim, a mulher que se demitiu da Pontuação Ltda. após o discurso do CHEFE nos alto-falantes da fábrica.)

*John Guaspari*

Todos aplaudiam de pé, sorrindo. E assim continuariam pela noite inteira, se O CHEFE não fizesse um sinal com as mãos para que fizessem silêncio e se sentassem.

Então ele lhes contou a história que eles tinham vindo ouvir.

Ele contou como a Pontuação Ltda. havia sido sempre tão dominante, tão orgulhosa de sua história e inovação.

Contou-lhes como a empresa havia, no início, menosprezado a concorrência da Processo Ltda.

"Afinal, como eles poderiam nos prejudicar? Eles nunca haviam tido qualquer idéia própria!"

"Vocês podem imaginar como éramos acomodados?", disse O CHEFE, repreendendo-se.

Ele contou como se tornou impossível ignorar a existência da Processo Ltda. quando ela começou a conquistar o mercado.

"Tomar de nós nossos clientes, que supúnhamos serem nossos por algum tipo de direito divino! Vocês podem imaginar nossa arrogância?", disse O CHEFE, repreendendo-se.

Ele falou sobre as primeiras tentativas para resolver o problema, da sua frustração quando todos lhe diziam que a Qualidade era a questão, mas não sabiam dizer nada sobre a Qualidade além de "Eu sei quando eu vejo".

Falou-lhes sobre a tentativa de "Dar Duro! Trabalhar Melhor!".

"Mas como se pode pedir isso a pessoas que já estão tentando fazer o melhor possível? É uma tolice", disse O CHEFE, penitenciando-se.

*A Empresa Que Parou no Tempo*

Contou-lhes sobre as tentativas de "Mais Inspeção!".

"Tentar forçar a melhoria da Qualidade no seu processo através da Inspeção em massa é o mesmo que tentar empurrar a pasta de dente de volta ao tubo. Você termina em uma confusão maior do que aquela com que começou!"

A platéia sorriu. E muitos puderam ver uma parte de si mesmos no discurso do CHEFE sobre falsos inícios e fracassos a curto prazo.

Então, repentinamente, O CHEFE mudou o tom da voz.

"Um dia, tivemos um raio de sol", disse ele, com um brilho na face. "Nós percebemos que, se quiséssemos ter qualquer progresso verdadeiro, *teríamos de mudar O Sistema*. Tínhamos de mudar a maneira como víamos o mundo. Tivemos de mudar nosso ponto de vista da Inspeção para a Prevenção. Fizemos isso. E – ora vejam – tivemos resultados."

Ele lhes contou como a produtividade e a lucratividade melhoraram, e com elas melhorou também o moral do pessoal. Como a participação no mercado havia apenas empatado, mas como eles estavam certos de que seria apenas questão de tempo até que retomassem novamente.

"Porém, estávamos apenas nos iludindo. Infelizmente ainda ignorávamos a verdadeira natureza dos nossos problemas."

"Há um homem", continuou solenemente, "que, mais do que qualquer outro, é responsável pela nossa presença aqui esta noite. Certamente muito mais responsável do que eu mesmo. Um homem que nos mostrou verdadeiramente o caminho".

*John Guaspari*

O homem braço-direito e o homem braço-esquerdo sentaram-se um pouco mais juntos em suas cadeiras, na expectativa. Eles não precisavam ter expectativa.

"Esse homem é um cliente que veio até meu escritório trazendo duas reclamações sobre a Qualidade dos nossos produtos. E que depois saiu, como um ex-cliente."

"Ele disse que tinha uma reclamação sobre fabricação e uma sobre projeto."

"Nós o ouvimos? Quero dizer, prestamos realmente atenção ao que ele disse? Não! Estávamos muito ocupados, tentando explicar-lhe a diferença entre projeto e fabricação."

O CHEFE balançou a cabeça com ironia. "Acho que isso se chama 'ganhar a batalha e perder a guerra'. Quem somos nós para tentar 'provar' que sabemos mais do que nosso cliente sobre Qualidade?"

"Ele sabia para que havia comprado o produto e se o produto atendia ou não às suas expectativas. Todas as especificações, tolerâncias apertadas e etiquetas de inspeção do mundo não significam nada diante desse julgamento!"

"E por que ele haveria de querer que lhe explicássemos a diferença entre projeto e fabricação? Ele estava nos pagando para sabermos – para cuidarmos – de tudo isso!"

Novamente O CHEFE balançou a cabeça. "Aparentemente ele sabia mais do que nós sobre o que realmente importava. Não surpreende que ele tenha ido embora."

O CHEFE fez uma pausa para um gole de água.

*A Empresa Que Parou no Tempo*

"Mais tarde naquela noite – muito mais tarde – tudo se tornou claro para mim. Nós havíamos mudado de Inspeção para Prevenção. Mas não havíamos ido muito longe."

"Nós não havíamos realmente assumido a questão da Qualidade. E não o teríamos feito até que percebêssemos a Qualidade como algo mais, muito mais do que apenas a ausência de negativas e a reconhecêssemos como algo positivo – e forte – por si só."

"Não teríamos o controle da Qualidade enquanto não deixássemos de abordá-la com um certo desejo passivo e começássemos a atacá-la e administrá-la da única maneira apropriada, como requer um assunto tão fundamental para nosso sucesso e sobrevivência."

"Não havíamos chegado lá ainda. Por um motivo – o problema pedia claramente que houvesse um alto nível de coordenação e cooperação em toda a empresa. E – minha nossa! – o meu homem braço-direito nem sequer sabia o que o meu homem braço-esquerdo estava fazendo!"

Isso provocou algumas risadinhas na platéia (sem mencionar duas caras bem envergonhadas).

"Gastamos algum tempo para perceber que, se arrumamos a Qualidade dentro de cada departamento, mas não a temos quando cruzamos as fronteiras dos departamentos, então não temos, na realidade, um problema de projeto ou de fabricação, mas sim um problema de administração."

"E este, acho que vocês concordam comigo, é o pior defeito para se consertar!"

– 63 –

*John Guaspari*

Isso despertou mais algumas risadinhas na platéia (e duas caras ainda mais envergonhadas).

"Felizmente, abrimos os olhos a tempo", continuou O CHEFE. "A tempo para conseguir resultados como estes."

E, dizendo isso, abriu majestosamente a cortina que havia atrás de si, mostrando três gráficos.

Um deles mostrava a produtividade da Pontuação Ltda., alta, mais alta do que nunca.

Outro mostrava a lucratividade da Pontuação Ltda. alta, mais alta do que nunca.

Outro mostrava a participação da Pontuação Ltda. no mercado, alta, mais alta do que nunca. Mais dominante do que nunca.

E, pelo semblante dos funcionários da Pontuação Ltda., quando se levantaram para aplaudir, o moral estava também alto, mais alto do que nunca.

Uma vez mais O CHEFE pediu silêncio.

"Freqüentemente vocês ouvem falar que 'Qualidade é obrigação de todos', e isso é verdade. Mas ela deve começar pela administração. A tarefa do administrador é conduzir as pessoas para um objetivo. E a Qualidade é o único objetivo que importa."

"Conduzir as pessoas a mudar a mentalidade de Inspeção para Prevenção. É um ponto de partida importante. Mas é preciso ir além. É preciso administrar a Qualidade como um todo – um todo integrado que é muito, muito mais do que a soma das partes."

*A Empresa Que Parou no Tempo*

O CHEFE nunca havia estado melhor.

"Eu gostaria de dar a vocês um pequeno conselho", continuou. "Minha esperança é que eu possa poupar vocês um pouco dos sofrimentos pelos quais passamos."

"Acima de tudo, *ouçam o que os seus clientes estão lhes dizendo sobre a Qualidade*. Nós achávamos que eles não tinham muito a nos dizer, e estávamos errados. Muito errados. Quase fatalmente errados."

"Atentem os ouvidos para o clamor da sua fatia de mercado quando ela está encolhendo. É o clamor dos seus clientes falando-lhes da Qualidade."

"Ouçam o clamor dos seus funcionários mudando de emprego, porque as pessoas não gostam de trabalhar em uma atmosfera constante de crises e casos. É o clamor dos seus clientes falando sobre a Qualidade."

"Os seus clientes estão em uma posição ideal para falar sobre Qualidade, porque é tudo o que eles realmente compram. Eles não estão comprando um produto. Eles estão comprando a garantia de que suas expectativas serão satisfeitas por aquele produto."

"E você não tem realmente nada mais a vender a não ser essas garantias. Você não tem realmente nada mais a vender a não ser Qualidade."

Os sinais de pontuação que O CHEFE estava utilizando (da Pontuação Ltda., naturalmente) eram obviamente de alta Qualidade. Sua mensagem estava alta e clara e a platéia estava fascinada.

– 65 –

*John Guaspari*

Percebendo isso, O CHEFE sabia que era necessário colocar um ponto final.

"Os seus clientes podem não ter conhecimento de todos os pormenores do seu negócio. Talvez não estejam se importando com suas especificações, seus padrões e seus relatórios de inspeções – todos eles necessários para que você possa fazer a alta qualidade do seu produto."

"Mas, só porque eles não conseguem falar com muita precisão, não julguem que o que eles tenham a dizer não tenha um grande valor."

"Eles talvez não possam dar uma definição precisa da Qualidade, mas uma coisa é certa: eles sabem quando a vêem. E mais" – e, dizendo isso, apontou para os gráficos na parede, que mostravam:

Produtividade alta, bem alta.

Lucratividade alta, bem alta.

Participação no mercado alta, bem alta.

E, ainda apontando para os gráficos, resumiu para a platéia a

lição que ele gastara tanto tempo para aprender:

## "Você Sabe Quando Vê".

*A Empresa Que Parou no Tempo*

# Sobre o Autor

**John Guaspari** é graduado como engenheiro aeroespacial e mecânico. Antes de ser consultor, trabalhou 13 anos em indústrias automotivas e eletrônicas em variadas funções de marketing, vendas, apoio ao cliente e como engenheiro.

John é um consultor muito experiente na área de gerenciamento e trabalha como consultor independente e também como vice-presidente de uma empresa de consultoria internacional.

É autor de seis livros e também autor e co-desenvolvedor de sete vídeos de programas de treinamento. Ele tem uma coluna mensal na revista americana *The Conference Board*.

**GRÁFICA PAYM**
Tel. (011) 4392-3344
paym@terra.com.br

DOBRE AQUI E COLE

## CARTA – RESPOSTA
NÃO É NECESSÁRIO SELAR

O selo será pago por
**M. BOOKS DO BRASIL EDITORA LTDA**

**AC Itaim Bibi**
**04533-970 - São Paulo - SP**

DOBRE AQUI

End.:
Rem.:

# CADASTRO DO LEITOR

- Vamos informar-lhe sobre nossos lançamentos e atividades
- Favor preencher todos os campos

Nome Completo (não abreviar):

Endereço para Correspondência:

Bairro:     Cidade:     UF:     Cep:

Telefone:     Celular:     E-mail:     Sexo: F ☐ M ☐

Escolaridade:

☐ Ensino Fundamental    ☐ Ensino Médio    ☐ Superior    ☐ Pós-Graduação

☐ MBA    ☐ Mestrado    ☐ Doutorado    ☐ Outros (especificar): _____

Obra:    **A Empresa Que Parou no Tempo – John Guaspari**

Classificação:    **Administração / Qualidade**

Outras áreas de interesse: _____

Quantos livros compra por mês?: _____ por ano? _____

Profissão: _____

Cargo: _____

Enviar para os faxes: **(11) 3079-8067/(11) 3079-3147**

ou e-mail: **vendas@mbooks.com.br**

## Como teve conhecimento do livro?

☐ Jornal / Revista. Qual? _____

☐ Indicação. Quem? _____

☐ Internet (especificar *site*): _____

☐ Mala-Direta: _____

☐ Visitando livraria. Qual? _____

☐ Outros (especificar): _____

# M.BOOKS

## M. Books do Brasil Editora Ltda.

Av. Brigadeiro Faria Lima, 1993 - 5º andar - Cj 51
01452-001 - São Paulo - SP Telefones: (11) 3168-8242/(11) 3168-9420
Fax: (11) 3079-3147 - e-mail: vendas@mbooks.com.br